改訂新版
高校生のソルフェージュ

田島秀男・著

SOLFÈGE

は じ め に

　多年，現場で生徒に接し，音楽学習の障害として，読譜力や基礎的な知識の不足を感じてきた。今までの基礎やソルフェージュは，ともすれば基礎のための基礎，ソルフェージュのためのソルフェージュになりがちで，学んだものを活用する機会が少なく，観念的な理解にとどまっていた。そこで，本書では，基礎やソルフェージュを実際の楽譜の中で体験し，活用することによって，より明確な理解と読譜力の向上を図り，系統的・段階的に学習できるよう配慮した。

　本書は，基本的条件の基礎，ソルフェージュを中心とする読譜力の育成，合唱音楽への導入，ポピュラー音楽の理解，正しい楽譜の書き方や創作に加え，巻末の五線紙は，創作，聴音，鑑賞などに利用できるようにした。

〈本書の目標〉
- 読譜力の育成と同時に，基礎，創作，聴音，鑑賞を加え，相乗的な音楽的能力を育成することを目標とする。
- 項目を系統立てて編成し，日々の授業目標を明確にするようにした。
- リズムを数えて歌う習慣を養うように，「リズム打ち」をとり入れた。
- はじめは音階の順次進行を用い，音階感を育成するようにした。
- 聴音と創作を適宜配して，音符を書くことにより，いっそう深い理解に結びつけるようにした。
- 正しい楽譜の書き方を理解させ，創作や聴音等にも役立つようにした。

〈学習上の留意事項〉
- 聴音の旋律は，授業者の創作したものを用いてほしい。
- 創作については，はじめの2小節のテーマを与えてもよい。
- リズム打ちの場合，右手は鉛筆で打つと左右のリズム・パターンがはっきりする。
- 名曲のテーマは鑑賞の場合に利用したい。
- 歌うテンポは，指定以外にもいろいろなテンポで試してみる。
- 音域が高すぎる場合は，下げて歌ってもよい。
- 和音・和声記号は紙面の都合で割愛したので，学校独自に行ってほしい。
- 生徒の理解度に合わせて，復習しながら進行していくことが必要である。

目　次

4分音符と4分休符 …………………………………………… 4

単純拍子 …………………………………………………………… 5

8分音符と8分休符 …………………………………………… 6

正しい楽譜の書き方 …………………………………………… 7

音　　名 …………………………………………………………… 8

付点音符（1） …………………………………………………… 9

合唱練習 ………………………………………………………… 10

音　　程　1度から5度までの音程 ………………………… 11

複合拍子 ………………………………………………………… 13

臨時記号・奏法記号 …………………………………………… 15

切分音（シンコペーション） ………………………………… 16

3 連 符 …………………………………………………………… 18

16分音符 ………………………………………………………… 19

付点音符（2） …………………………………………………… 21

音　　程　6度から8度までの音程 ………………………… 22

長音階と調の判定 ……………………………………………… 23

短音階と調の判定 ……………………………………………… 25

唱歌形式 ………………………………………………………… 29

多声音楽 ………………………………………………………… 30

舞　　曲 ………………………………………………………… 32

変 奏 曲 ………………………………………………………… 34

ポピュラー音楽 ………………………………………………… 35

指揮法（合唱指揮） …………………………………………… 37

移調と転調・関係調 …………………………………………… 38

鑑賞ノート ……………………………………………………… 41

五 線 紙 ………………………………………………………… 45

この音楽著作物の全部または一部を権利者に無断で複製（コピー）
することは，著作権の侵害にあたり，著作権法により罰せられます。

4分音符と4分休符 ♩=𝄽 𝅗𝅥=𝄼

1 2拍子は、強・弱のリズムで、1小節を2拍にとって歌おう。

2 2分音符を1拍の単位として、1小節を2拍にとって歌おう。

3 3拍子は、強・弱・弱のリズムで歌おう。

4 4拍子は、強・弱・中強・弱のリズムで歌おう。

5 いろいろなテンポで歌おう。

6 4分音符と4分休符のみを用い、音程跳躍も2度音程とする聴音。（旋律は授業者の創作）

単純拍子

単純拍子…強弱の配置が単純な基本的な拍子で、2拍子、3拍子、4拍子がある。
拍子のとり方…1小節内を、2拍子は2拍、3拍子は3拍、4拍子は4拍にとる。

1. 次の例のように、それぞれの拍子記号に合うように音符を書き入れよう。
   下記のようなそれぞれの拍子があるが、4分音符が1拍の単位となることがほとんどで、他は少ない。

2. 次の曲は何拍子か、( )の中へ拍子記号を書き入れよう。また曲名も書き入れてみよう。

   曲名（　　　　　）　曲名（　　　　　）
   曲名（　　　　　）

3. 次の曲は、途中でいろいろな拍子に変化している。( )の中に適合する拍子記号を書き入れよう。

   「この道」　　　　　　　　　　　　　　山田耕筰

4. 次の曲を、拍子に合うように縦線で区切ってみよう。また曲名も書き入れよう。

   曲名（　　　　　）
   曲名（　　　　　）
   曲名（　　　　　）

8分音符と8分休符　♪=ヽ

1　次のリズムを打とう。鉛筆の頭を下に向け右手に持ち打ってみよう。

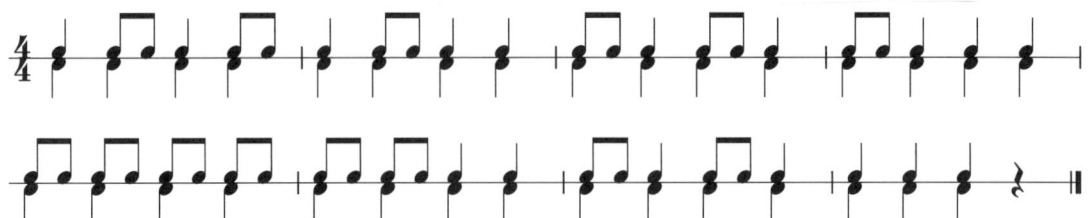

2　4分音符と8分音符を正しく歌い分けよう。

3　8分音符の長さを十分に保って歌おう。

4　次のリズムを打とう。

5 次の曲は、4のリズム形が用いられている。リズムに注意して歌おう。

正しい楽譜の書き方

1. 音符の拍数の合計が、拍子記号の分子の数に合うように書く。
2. 五線紙の第3線から符尾は下に向けて書く。
3. 8分音符♪♪を♫のようにつないで書くことができる。ただし、1拍の単位が明確になるようにつなぐ。
4. 音符の拍数に相当するよう、音符の間隔をあける。♩は♪より間隔をあけたほうがよい。

6 次の楽譜の上の段は、音符の書き方に誤りがある。「正しい楽譜の書き方」を参照して検討しよう。

7 記譜に誤りがあるので下の五線に正しく書こう。

8 次の曲はある曲の最後の4小節であるが、( )をつけたところを下の五線に正しく書こう。

音名

音名…ハ ニ ホ ヘ ト イ ロ ハ

階名…ド レ ミ ファ ソ ラ シ ド（歌唱の時に用いる）

（注）階名はイタリア音名からとられたものである。

日　本	ハ	ニ	ホ	ヘ	ト	イ	ロ	ハ
ドイツ	C ツェー	D デー	E エー	F エフ	G ゲー	A アー	H ハー	C ツェー
アメリカ	C	D	E	F	G	A	B	C
イタリア	Do	Re	Mi	Fa	Sol	La	Si	Do

幹音と派生音

1　幹音…ピアノの白鍵の部分である。派生音…幹音が半音の変化をした音である。

下の（　）の中に日本音名を書き入れよう。またピアノの鍵盤の半音の位置を知ろう。

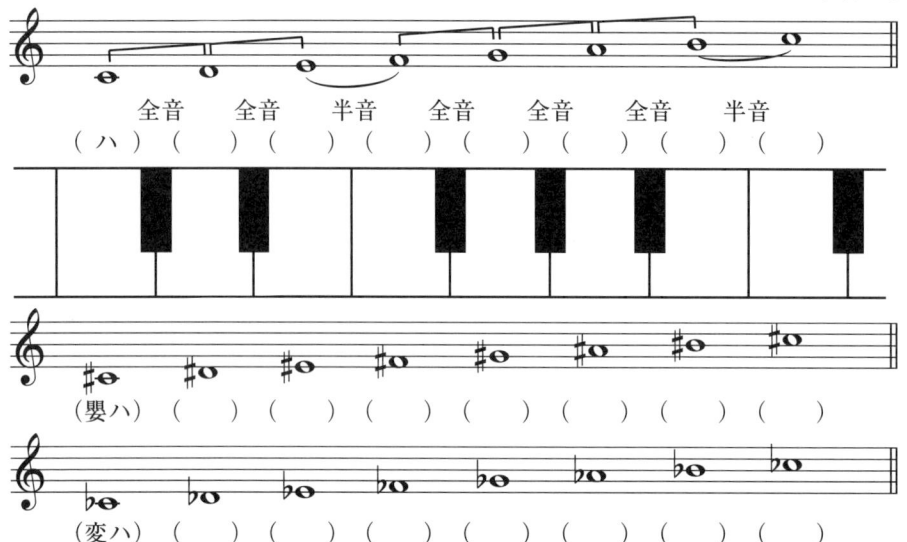

2　異名同音（音の呼び名は異なっても、実際の音は同じことをいう）

音名を音符の下に書き入れよう。

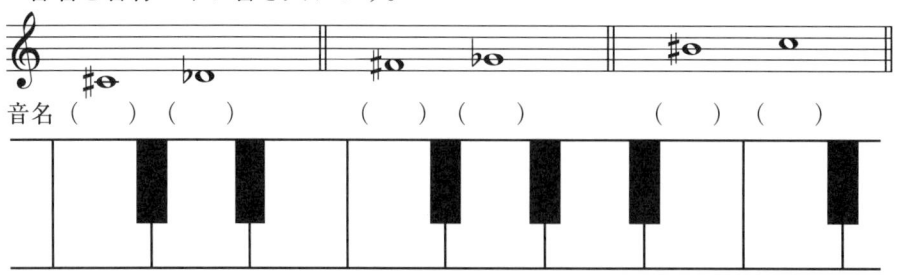

3　次の番号をつけた音符の日本音名を（　）の中に書き入れよう。

（調子記号は小節を越えて曲の終わりまで有効である。）

付点音符 (1) 付点4分音符 ♩. ♪

1 次のリズムを打とう。はじめは片方ずつ、最後に両手で打ってみよう。

2

3 次の曲を輪唱しよう。

4 拍子に合うように、（ ）の中に音符をひとつ書き入れよう。また、リズムを打ってみよう。

5 「バイエル ピアノ教則本」より

6 付点4分音符を用いた旋律を聴きとろう。（音程は2度までとする）

合唱練習

　音程跳躍が2度までの簡単な合唱練習曲である。お互いに他の声部を聴きながら、和音の響きの中に自分の声を調和させるように歌おう。また、隣りの人とデュエット（二重唱）してみよう。

「コールユーブンゲン2巻」より

音　　程　　1度から5度までの音程

音程…音と音との隔たりを音程といい、その単位を度であらわす。
　　　※ここでは度数のみにとどめる。

1 何度音程か書き入れよう。

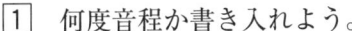

例 2度

2 2度音程

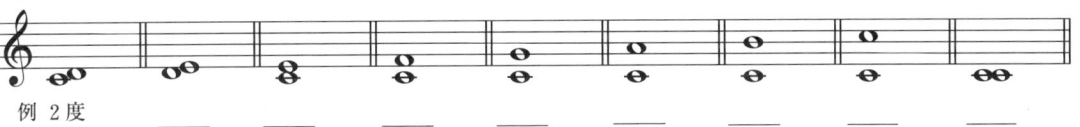

3 3度音程

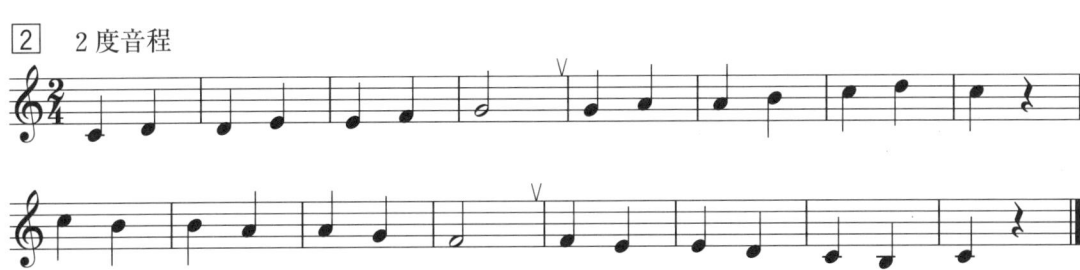

4

「コールユーブンゲン」より

5 単音の聴音を書きとろう。（全音符で記入しよう）

複合拍子

複合拍子は単純拍子が組み合わされたもので、6拍子、9拍子、12拍子がある。

拍子のとり方…ふつう6拍子は2拍、9拍子は3拍、12拍子は4拍にとるが、ゆっくりした曲の場合は、6拍子は6拍、9拍子は9拍にとることもある。

注．混合拍子…異なった種類の単純拍子が組み合わされた拍子で、5拍子、7拍子がある。5拍子は＜2拍子＋3拍子＞またはその反対の組み合わせ、7拍子は＜3拍子＋4拍子＞またはその反対の組み合わせと考えられる。

1　次の例のように、それぞれの拍子に合うように音符を書き入れよう。複合拍子の記譜の場合、8分音符は3個ずつ連結（♫♪）して書いたほうが拍子がとりやすい。

2　8分の3拍子と8分の6拍子のリズムを打とう。3拍子は3拍、6拍子は1小節内を2拍にとる。

3　8分の3拍子は3拍に、8分の6拍子は2拍にとって歌おう。2つの拍子の性格の違いを感じとろう。

臨時記号・奏法記号

臨時記号…楽曲の途中につけられる ♯（シャープ）、♭（フラット）、♮（ナチュラル）を臨時記号という。1小節の中だけ有効であるが、注意を促す意味で、小節を越えてつけられることもある。また、オクターブ以上離れた場合は、新たにつける。

1 はじめに（ ）の臨時記号をはずして歌い、次に臨時記号をつけて歌ってみよう。

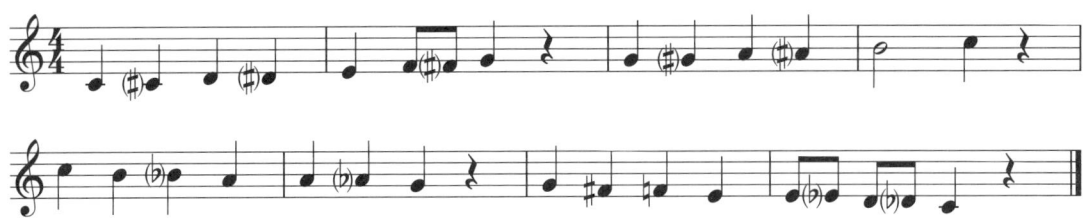

2 先生のピアノを聴いてから（ ）の中に適合する臨時記号を書き入れよう。

奏法記号

1 次の記号の名称と意味を下の欄に書こう。

2 記号の意味を生かして歌ってみよう。

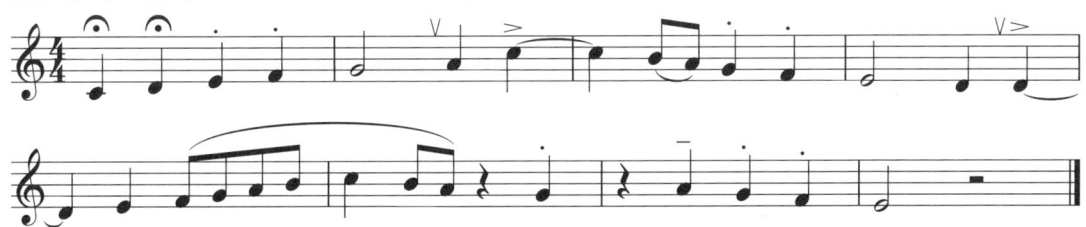

切分音（シンコペーション）

切分音（シンコペーション）…同じ高さの強拍部と弱拍部が結ばれて、アクセントの位置が入れ替わることをいう。小節を越えて結ばれる場合はタイを用いる。

1 次のリズムを打とう。

2 リズムを打ちながら歌ってみよう。

3 次のリズムを打とう。

4 **Andante**

3 連符

3連符…1拍を3分割した音符で、⌐3¬ で示す。

1. 次のリズムを打とう。

2. 3連符に注意して歌おう。

Allegro

3. はじめに右手で打ち、次に左手で打ち、最後に合わせて打とう。

4.

5. 先生の打つリズムを書こう。（小節を分けて打ってもよい。）

6. 3連符を一部用いて創作しよう。

16分音符

16分音符…4分音符の4分の1の長さの音符で、次のような形で用いる。

1　後半の4小節は1小節ずつ行い、そのあと通して歌ってみよう。

2　　　　　　　　　　　　　　　　　　　　　　　　　　　　　「コールユーブンゲン」より

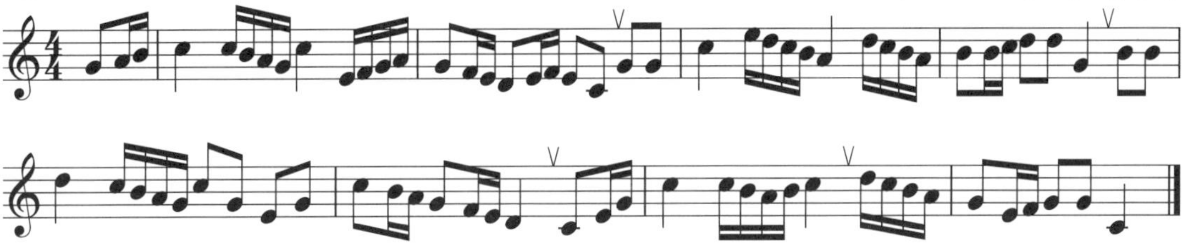

3

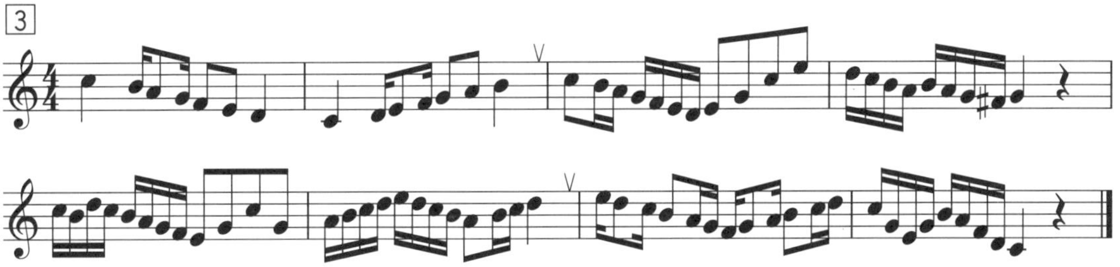

4　「ハンガリー舞曲第5番」より

Allegro　　　　　　　　　　　　　　　　　　　　　　　　　ブラームス

付点音符 (2) 付点8分音符

1 次のリズムを打ってみよう。

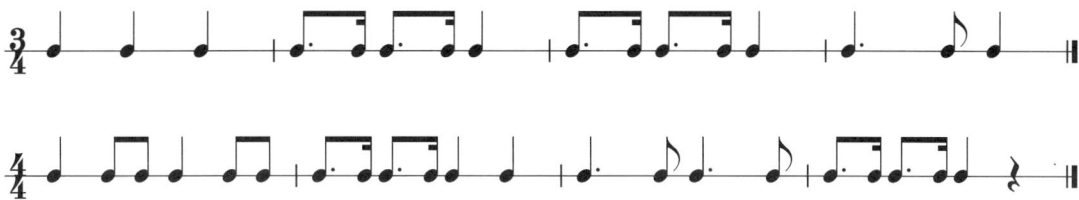

2 16分音符が長くならないよう、リズムを正しく打とう。♫.は逆付点音符といい、シンコペーションでもある。

3 ♩♫と♫.が交互に使用されている。

「麦畑」　　　　　　　　　　　　　　　　　　　　　　　　スコットランド民謡

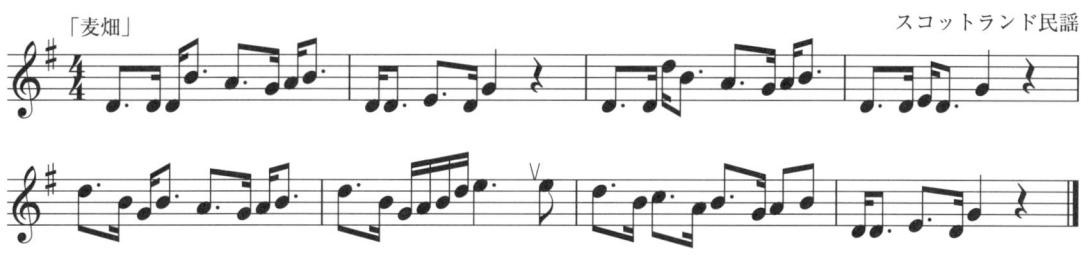

4 交響曲第8番「未完成」より第1楽章第2主題　　　　　　　　　　　シューベルト

5 　　　　　　　　　　　　　　　　　　　　　　　「コールユーブンゲン」より

音　　程　　6度から8度までの音程

1. 6度から8度までの音程練習をしよう。

6度音程
「コールユーブンゲン」より

2. 7度から8度音程

3. 8度音程（オクターブ）

4.

5. 2度から8度まで

長音階と調の判定

長音階は、主音から数えて3音と4音、7音と8音の間に半音をもち、その他は全音よりなる音の音階である。また、次のようにテトラコードを重ねて新しい音階が作られる。
注．テトラコードはギリシアの4弦琴の名からとられ、4音の音列から成る音階をいう。

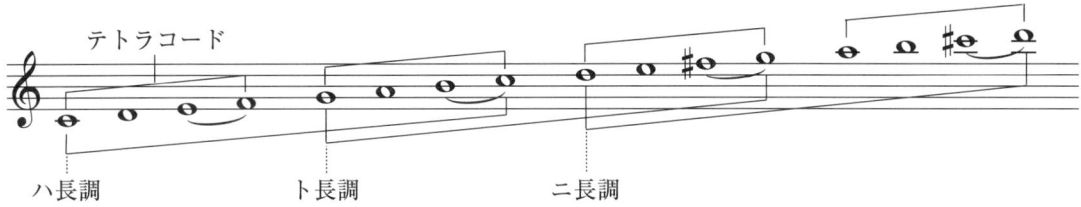

嬰種長音階の調の判定

嬰種長音階は、シャープを用いて音階を構成し、最後のシャープ（いちばん右側のシャープ）より短2度上に主音がある。調名は、主音の音名で呼ぶ。

1　次の嬰種長音階の、3から7までの調名と主音を書き入れよう。

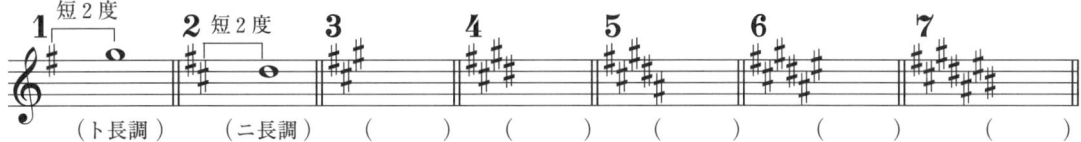

変種長音階の調の判定

変種長音階は、フラットを用いて音階を構成し、最後のフラット（いちばん右側のフラット）より完全4度下に主音がある。また、フラットが2個以上ついている場合、最後から2個めのフラットが主音の位置である。

2　次の変種長音階の、3から7までの調名と主音を書き入れよう。

3　最初はハ長調、次にト長調、ニ長調の調号をつけて歌おう。

4　2部合唱しよう。

5　交響詩「中央アジアの草原にて」　　　　　　　　　　　　　ボロディン

6　いずれも唱歌の旋律である。曲名と調名を記入しよう。

曲名 ＿＿＿＿＿＿＿　調名 ＿＿＿＿＿＿＿

曲名 ＿＿＿＿＿＿＿　調名 ＿＿＿＿＿＿＿

曲名 ＿＿＿＿＿＿＿　調名 ＿＿＿＿＿＿＿

短音階と調の判定

　短音階には、自然短音階、和声短音階、旋律短音階の3種類があるが、ふつう音楽で用いるのは和声・旋律の両短音階で、自然短音階は用いることが少ない。

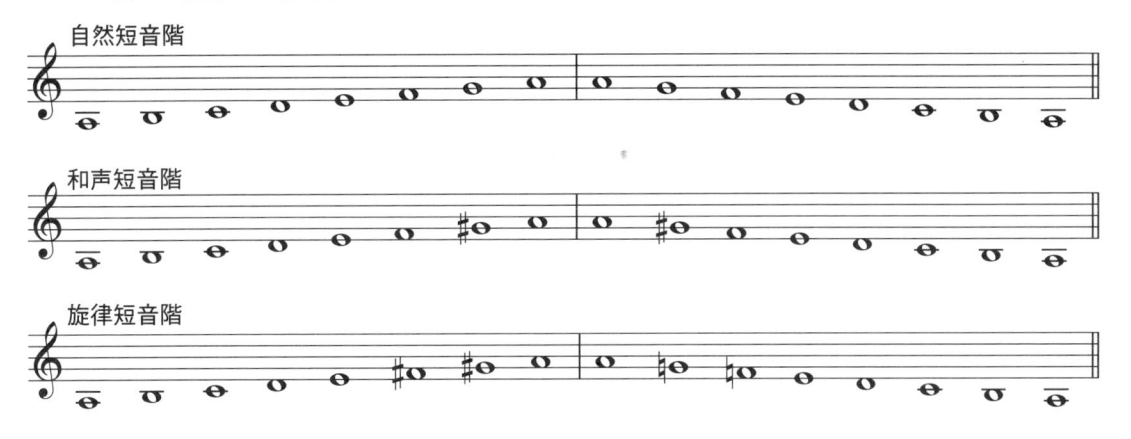

自然短音階

和声短音階

旋律短音階

＜調の判定＞

　長・短両調とも同一の調号を用いているが、それぞれの主音の関係は、次の問題例のように短3度の関係にあり、はじめに長調を判定し、次に短3度下の短調を判定する。

1　次の音を主音にもつ調名を（　）の中に書き入れよう。

（ ハ長調 ）　（　　　）　（　　　）　（　　　）　（　　　）
（ イ短調 ）　（　　　）　（　　　）　（　　　）　（　　　）

（　　　）　（　　　）　（　　　）　（　　　）　（　　　）
（　　　）　（　　　）　（　　　）　（　　　）　（　　　）

イ短調和声短音階

イ短調旋律短音階

2　和声短音階でも歌ってみよう。

3 シンコペーションのリズムに注意して歌おう。

4 イ短調和声短音階及び旋律短音階を参考にして次の音階に臨時記号を書き入れ、ホ短調の和声短音階及び旋律短音階にしよう。

和声短音階

旋律短音階

5 「ハンガリー舞曲第1番」より

Allegro　　　　　　　　　　　　　　　　　　　　　　ブラームス

6 　　　　　　　　　　　　　　　　　　　　　　　　　　「バイエル・ピアノ教則本」より

唱歌形式

　唱歌形式は、唱歌や小歌曲等に用いられる形式で、その様式は、まず2小節の動機に始まり、動機が発展して小楽節になり、次に大楽節になり、楽曲の最小の形が形成される。
　　　動　機…ふつう2小節を動機といい、楽曲の芽のようなものである。
　　　小楽節…動機の発展・応答・模倣により生まれる4小節。
　　　大楽節…小楽節が2個で大楽節になる。

　唱歌形式には、1部形式・2部形式・3部形式の3つがある。
　　　1部形式　　a a'　………………　ロンドン橋、野いちご、春がきた
　　　2部形式　　a a' b a'，a a' b b'……　故郷の人々、荒城の月、アロハ オエ
　　　3部形式　　a b a　………………　かすみか雲か、庭の千草、もみの木

1　次の旋律に続けて旋律を創作してみよう。

2　3拍子の旋律を創作しよう。

3　自由に創作してみよう。

多声音楽

　多声音楽は、2つ以上の旋律により構成される。それぞれの旋律は独立性があり、全体としての調和を保ちつつ進行するよう、対位法的な手法により作曲される音楽である。複数の独立した旋律で構成されるので多声音楽という。

注．対位法的手法　　(1)対位法…定旋律（元になる旋律・初めにつくられた旋律）に相対する旋律をつくっていく作曲法。
　　　　　　　　　　(2)カノン…先行する旋律を他の声部が少し遅れて模倣していく楽曲で、輪唱もカノンの一種である。
　　　　　　　　　　(3)フーガ…多声音楽の最高の様式で、カノンより自由で変化に富んでいる。

1　2部合唱しよう。

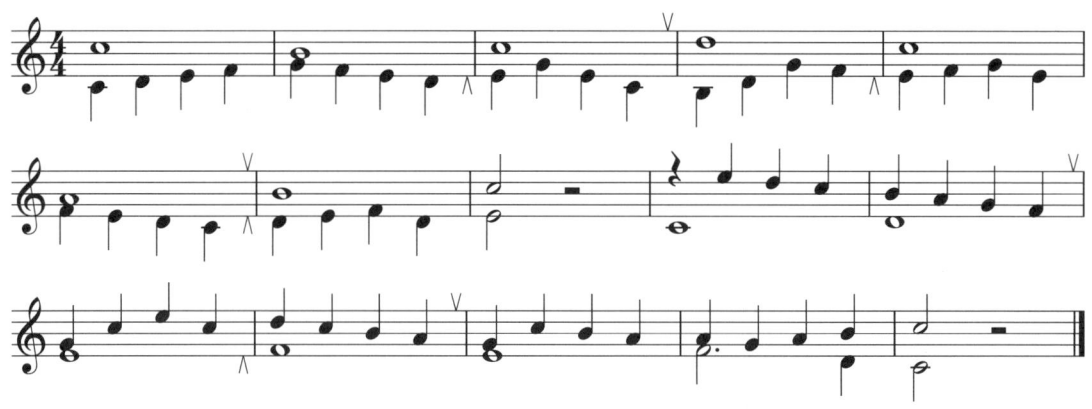

2

3

4

5度のカノン

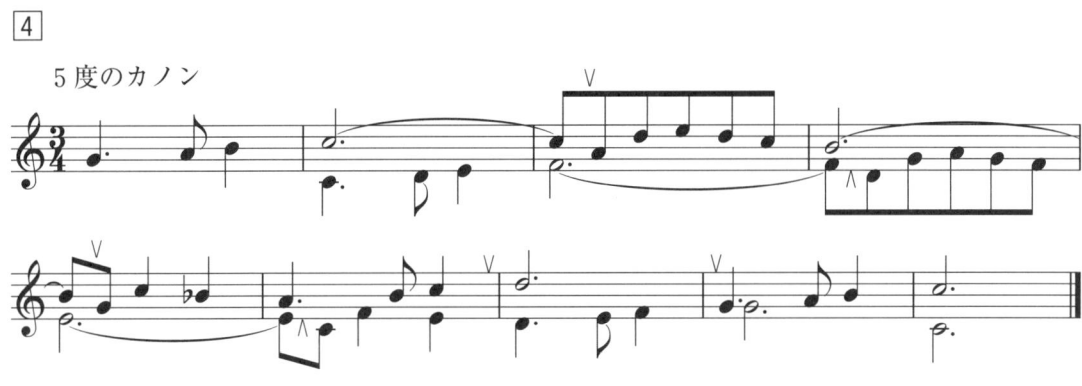

5 隣りの人とデュエットしてみよう。

「王様の行進」より　　　　　　　　　　　　　　　　　　　　　　　　　　ビゼー

舞曲

1 ワルツのリズムを打とう。

ワルツ…広くヨーロッパ各地で愛好された舞曲で、ウィンナ・ワルツに代表されるが、他にバレエ音楽やショパンのピアノ曲等に用いられている。

2 「メリー・ウィドウ・ワルツ」より　レハール

3 ボレロのリズムを打とう。

4 下のリズムは、ラベル作曲の「ボレロ」に用いられたリズムである。

5 「ボレロ」より　ラベル

6 マズルカのリズムを打とう

　　マズルカ…ポーランドの民族舞曲で、アクセントが第2拍または第3拍にあり、歯切れのよいリズムである。

7 歯切れよくきびきびと歌おう。
　舞踊組曲「コッペリア」前奏曲より　　　　　　　　　　　　　　　　　　　　　ドリーブ

8 メヌエットのリズムを打とう

　　メヌエット…フランスに起こり、上流社会で流行した優雅な3拍子の舞曲。バロック音楽の中で、他の舞曲がすたれたあとも古典の交響曲や室内楽の中に残っている。

9 「メヌエット」より　　　　　　　　　　　　　　　　　　　　　　　　　　　　ベートーベン

変奏曲

変奏曲…主題のリズム・拍子・調・和音等を変化して発展させていく曲をいう。

ポピュラー音楽

ポピュラー音楽の中で、いくつかのリズムをとりあげて比べてみよう。スウィング、ビギン、タンゴ、ロック等の名称は、そのリズム形で呼ばれている。

1 ビギンのメロディとリズムをそれぞれ行った後、合わせてみよう。

2 スローロックと合わせて歌ってみよう。

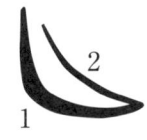

指　揮　法（合唱指揮）

[1]　指揮者の役割を知ろう。

- 詩の意味も理解し、曲のもっている内容表現に心がける。
- 実際に曲をしっかり見て、作曲家が何をどういう風に表現しようとしているのかを、楽譜の中から見つけ出し、それを表現する。
- 指揮者は、その曲に最もふさわしいと思われる、テンポを設定する。曲それぞれに、曲に合うテンポが求められる。
- 曲の強弱についても充分に注意を払い、表情豊かな表現ができるようにしたい。
- 大勢の人たちから信頼され、まとめていくことも必要である。

[2]　主な拍子の指揮の仕方

　　　2拍子　　　　　3拍子　　　　　4拍子　　　　　6拍子

(1)　2拍子、3拍子、4拍子、6拍子のリズムを振ってみよう。
(2)　今までに歌った曲で振ってみよう。
(3)　先生のピアノに向かって振ってみよう。（友人のピアノでもよい）

[3]　指揮の表現の方法について

　速い曲の場合……　動作を小さく、きびきびと振ることが大切である。
　ゆっくりした曲…　ゆっくりと大きな動作で振ってみよう。

　右手の使い方……　曲のリズム表現が主体になり、しっかりとしたテンポを示したい。
　左手の使い方……　強・弱とか、曲の表情表現を中心とする重要な働きをする。

　強い表現…………　動作を力強く、体全体で強さを表したい。
　弱い表現…………　動作を抑えて弱さを表現したい。

　cresc.……………　動作をだんだん大きく、左手を使えると、なおはっきりと表現できる。
　dim.………………　動作をだんだん小さく、左手も小さくするように表現する。

　曲のはじめ………　全員が準備を完了しスタートできるか、最初の1拍で曲の速さが決まるので大変重要である。
　曲の終り…………　曲の終りの音を揃って切る場合、左手で切ることが多い。

　レガート…………　滑らかな演奏で音を切らない演奏のため、平らに演奏するようにしたい。
　スタッカート……　音を一つ一つ切るような、はずんだ演奏になる。

　楽しい曲…………　顔の表情が大切であり、体全体で明るく大きく振りたい。
　暗い曲……………　暗く悲しい思いをこめて、動作も少し小さく振りたい。

移調と転調・関係調

移調　…ある曲をそのままの形で他の調へ移すことを移調といい、演奏上の都合で、例えば音程が高すぎたり、またはその反対に低すぎたり、楽器などで移調したほうが演奏しやすい場合に行われる。

移調の方法
(1) 原調は何調かみる。
(2) 移調しようとする調を決め、原調との音程関係を調べて必要な度数だけそれぞれの音を移動させる。
(3) 臨時記号がある場合は注意する。

1　次の旋律を移調しよう。

長2度低く

イ長調に

移調楽器…管楽器の中には、ハ長調以外の調に調律されたものがあり、それらは記譜上の音と実際の音と異なっている。例えばクラリネット（in B♭）、ホルン（in F）の記譜の音と実際の音は次のとおりである。ピアノでクラリネット（in B♭）の楽譜を弾く場合は、クラリネットの記譜の音より長2度高く弾かないと実音が出ない。

記譜上の音

クラリネット（in B♭）の実際の音

ホルン（in F）の実際の音

|転調| …楽曲の途中から他の調に転ずることを転調という。転調には次のようなものがある。
  (1) 経過的転調 きわめて短い間、一時的に転調する。
  (2) 確定的転調 かなり長い間新しい調にとどまり、終止形をもつもの。
転調の方法…全音階的転調 原調と新調の両方に共通の和音を通して行い、関係調に転調する場合が多い。
    半音階的転調 半音階的変化を与えて新調に転ずる。
転調の見分け方…まず臨時記号で判断し、次に和声的な音楽の流れの中から判断する。関係調に転ずる場合も多いが、臨時記号が転調とは関係なく現れることもあるので注意したい。

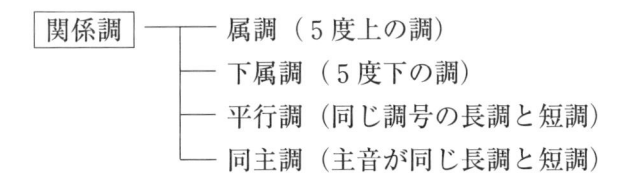

|関係調|――属調（5度上の調）
   ――下属調（5度下の調）
   ――平行調（同じ調号の長調と短調）
   ――同主調（主音が同じ長調と短調）

2 次のハ長調の関係調を参考にして、ト長調を中心にした関係調を□の中に、また五線には主音を書き入れよう。

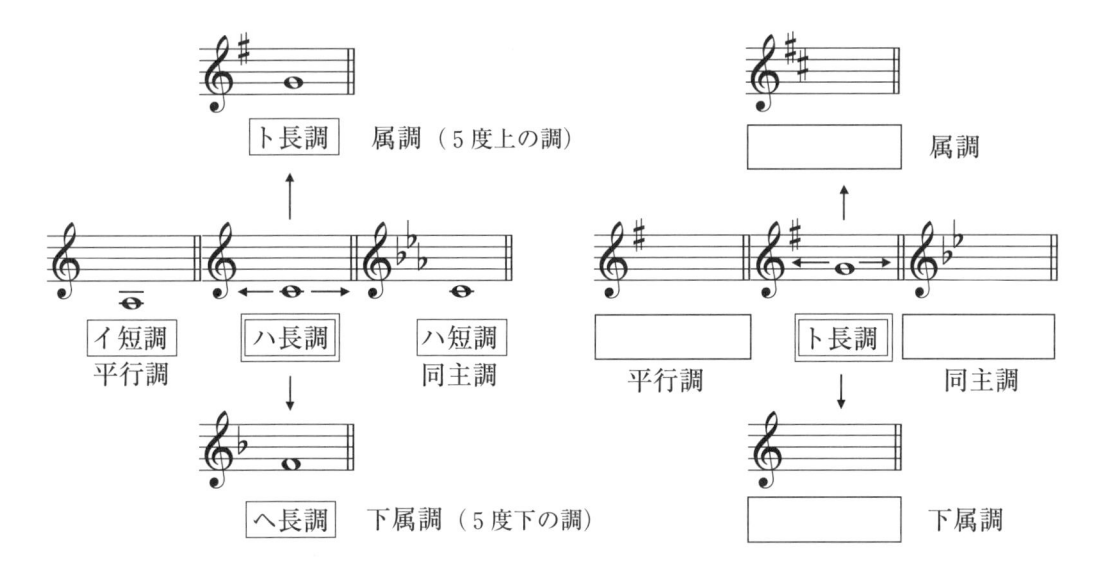

3 属調・下属調への経過的転調

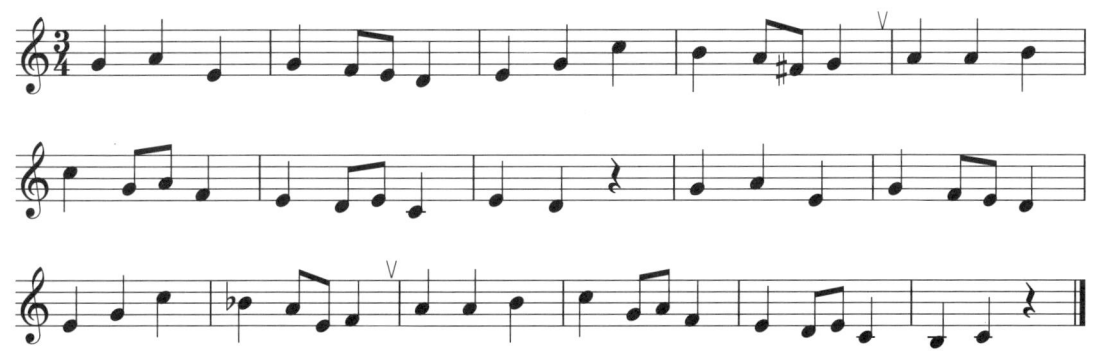

4

5 ハ長調（属調）への転調

6 「コールユーブンゲン」より

7 ハイドン

弦楽四重奏曲「皇帝」より第2楽章より

鑑賞ノート

年月日	曲　名	作　曲	演　奏	感　想

鑑賞ノート

年月日	曲　名	作　曲	演　奏	感　想

鑑賞ノート

年月日	曲　名	作　曲	演　奏	感　想

鑑賞ノート

年月日	曲　名	作　曲	演　奏	感　想

田島 秀男 (たじま ひでお)

東京芸術大学声楽科卒業。在学中、オペラ『間々の手古奈』に出演する。卒業演奏オペラでは歌劇『マルタ』に出演する。主な演奏会ではフォーレ『レクイエム』、モーツァルト『戴冠ミサ』、ヘンデル『メサイア』のソロ出演。その他リサイタルを行い、多くのコンサートに出演した。教育関係では群馬県内の高等学校、また群馬大学非常勤講師として勤務した。

改訂新版 高校生のソルフェージュ

2004年12月31日　第1刷発行
2025年1月31日　第16刷発行

著者　田島 秀男
発行者　時枝　正
　　　　東京都新宿区神楽坂6-30
発行所　株式会社 音楽之友社
　　　　電話 03(3235)2111(代)　〒162-8716
　　　　振替 00170-4-196250
　　　　https://www.ongakunotomo.co.jp/

502510

Printed in Japan
落丁本・乱丁本はお取替えいたします。
日本音楽著作権協会（出）許諾第0415883-416号

装丁：押山マサル／印刷：星野精版印刷／製本：誠幸堂